AF370856

# PROFESSION DE FOI RÉPUBLICAINE.

# PROJET

DE

# CONSTITUTION NATIONALE.

AUX CITOYENS

PRÉSIDENT ET MEMBRES DU GOUVERNEMENT PROVISOIRE.

CITOYENS,

J'ai l'honneur de vous transmettre la copie, à peu près textuelle, de la pétition que j'ai vainement adressée à la législature qui vient de s'anéantir. En voici les termes :

Considérant que la nation française avait entendu instituer, en 1830, un gouvernement représentatif ; que ce régime proclamait à la fois l'ordre et la liberté, commandait les progrès de la civilisation, imposait l'égalité relative et prescrivait la franchise dans toutes les transactions ; qu'il proscrivait tout cumul, tout monopole, tout privilége ; que si le principe de la représentation effective, fondé sur l'équité, sur la morale et sur une bonne justice distributive, pouvait exister en France, il y était incomplétement appliqué et développé ;

Considérant que le besoin de vivre sous une administration ferme et juste envers tous était manifesté de toutes parts ; que les esprits éclairés de toutes les opinions appelaient le développement des institutions en harmonie avec le principe de 1830 ; que le commerce et l'industrie demandaient la liberté d'action si nécessaire à leurs relations ; que le peuple aspirait à l'égalité proportionnelle dans les charges publiques en même temps qu'il sollicitait l'allégement de leur poids; que chacun voulait, sous l'empire de la souveraineté nationale, un gouvernement fort, respectable et à l'abri des influences étrangères; qu'on ne pouvait qu'accepter une alliance digne du nom français;

Considérant que toutes les lois faites depuis la charte ont plus ou moins violé son principe; que l'état social était en dégénérescence; que le mobile des hommes, depuis le plus haut jusqu'au plus bas échelon, étaient l'égoïsme, l'ambition et la cupidité; que la corruption s'était infiltrée partout et qu'il y avait urgence à s'occuper d'une rénovation sociale;

Considérant enfin que le trône de juillet n'existe plus; que le peuple est souverain; qu'une nation, qui délibère une constitution, a toujours le droit de réformer, modifier, corriger, augmenter ou restreindre la constitution qu'elle fait, et que nul, sans son assentiment, n'y peut porter la main;

Je viens, messieurs, vous supplier de convoquer sans retard la nation, afin qu'elle donne son opinion sur la forme de gouvernement qui lui convient le mieux et qu'elle nomme des représentans qui seront chargés : 1° d'examiner, discuter et voter un projet de constitution qui se substituera sans secousses, sans conflit et sans transition, à la charte de 1830; 2° d'élire le chef du gouvernement définitif qui aura la mission de présider au bonheur de la France.

En conséquence, messieurs, veuillez déclarer que, dans le délai de...., tous les contribuables, jouissant de leurs droits civils, se réuniront au chef-lieu de leur commune respective, où, sous la présidence du maire, assisté de quatre conseillers municipaux, il sera procédé à la réception des suffrages destinés à autoriser les représentans: 1° à examiner, discuter et voter le projet de réforme de la constitution qui sera préalablement affiché dans toutes les communes et dans toutes les salles des séances municipales du royaume; 2° et à élire le chef du gouvernement définitif. Vous déciderez également que des procès-verbaux, constatant tous les points, seront dressés par les bureaux; que deux expéditions de chacun en seront transmises immédiatement par le maire au préfet de son département, et que les préfets adresseront l'une de ces expéditions au ministre de l'intérieur, qui la déposera sur le bureau de l'assemblée constituante; le tout dans le mois qui suivra l'opération.

Voici, citoyens, mon projet de charte constitutionnelle. Je vous prie de le lire attentivement, et si vous en avez l'opinion que j'en ai moi-même, parce que je l'ai profondément médité, veuillez le prendre en considération et le communiquer à la nation à l'époque qui vous paraîtra opportune. Je supprime la pairie, parce que son existence est tout à fait inutile au nouveau rouage gouvernemental.

# CHARTE CONSTITUTIONNELLE.

## PRÉAMBULE.

La représentation nationale, en vertu des pouvoirs qui lui ont été déférés par la souveraineté nationale, a délibéré la constitution suivante qui demeure inviolable et sacrée.

### § Ier. — DROIT PUBLIC.

Art. 1er. La république est instituée en France. Son principe émane des sentimens de liberté, de justice, de progrès, de loyauté, d'indépendance et de dignité. Ce gouvernement est essentiellement représentatif et électif. Le chef du pouvoir exécutif n'est que le mandataire du peuple et toujours révocable.

Art. 2. Les Français sont égaux devant la loi, quels que soient leurs titres et leurs rangs. Le privilége et le monopole sont abolis.

Néanmoins les grandes entreprises d'utilité publique et nationale sont exécutées sous la responsabilité du pouvoir exécutif, aux frais de la nation qui profite de leurs avantages.

Art. 3. Tous les Français contribuent indistinctement, dans la proportion de leur fortune, aux charges nationales. Le principe de la répartition est seul admis en matière de contributions directes.

Les contributions indirectes sont régies par une loi spéciale, et perçues d'après un tarif particulier à chacune.

Nul n'est exempt de la contribution, soit qu'il possède un mobilier, des propriétés en terres, rentes sur l'état ou sur particuliers, actions industrielles, obligations sur particuliers ou autres, soit qu'il touche un traitement.

Art. 4. Ils sont tous également admissibles aux emplois civils et militaires. Les talens, la capacité, l'intelligence, la probité sont les premiers titres.

Art. 5. La liberté individuelle est garantie. Personne ne peut être poursuivi, ni arrêté que dans les cas prévus par la loi et dans les formes qu'elle prescrit. Le code pénal est seul en vigueur jusqu'à ce qu'il y soit légalement dérogé. Néanmoins, la détention, par mesure préventive, n'est permise que pour les cas de flagrant délit ou de crime et spécialement contre les gens sans aveu et sans domicile connu. Les lois intermédiaires sont abrogées.

Art. 6. Chacun professe sa religion avec une égale liberté et obtient pour son culte la même protection. L'autorité municipale est investie du droit de surveillance des réunions dans les temples.

Art. 7. Les ministres de toutes les religions, pourvus d'un siège ou d'une cure, reçoivent un traitement des département et des communes dont la direction religieuse leur est confiée. Ce traitement sera supérieur à ce qu'il est aujourd'hui. Ils sont dans la dépendance nationale et ne tiennent leurs instructions que de leurs supérieurs immédiats. Cependant les rituels et autres livres d'église sont les mêmes, eu égard à chacun des cultes enseignés et suivis.

Art. 8. Les Français ont le droit de publier et de faire imprimer leurs opinions sur tous les points du droit public constitutionnel et sur tous les actes du gouvernement. Chacun répond de ses œuvres, sous quelque forme ou titre qu'elles paraissent. Le droit de s'associer et de se réunir est inaliénable et imprescriptible.

La censure ne pourra jamais être établie. Les lois intermédiaires sont également abrogées.

La vie publique appartient à tous. Nul fonctionnaire, représentant, magistrat ou agent administratif n'est reçu à intenter un procès de presse et à y intervenir, sous le prétexte d'injures ou de diffamation. Mais le ministère public, s'il y a lieu, citera à sa requête devant le tribunal compétent. S'il y a matière à condamnation, l'amende sera proportionnée à l'injure ou au délit.

Les journaux quotidiens, feuilles ou écrits périodiques sont soumis à un cautionnement relatif. Le cautionnement des journaux, à Paris, est porté à          fr. ; dans les villes de premier ordre, à          fr. ; dans celle de second ordre, à          fr., et, dans tous les autres départemens, il est de          fr., et ailleurs de          fr.

Les journaux sur simple feuille qui ne paraissent qu'une fois ou deux par semaine ont un cautionnement de          fr.

Le timbre de tous les journaux est de deux centimes et demi par feuille. L'affranchissement par la poste est de pareille somme pour toute la France et toute distance.

Le cautionnement répond de tous les délits attribués aux journaux, feuilles ou écrits périodiques.

Le port des lettres est de vingt centimes pour toute distance en France.

Les principaux responsables sont le gérant, le directeur et le rédacteur en chef. Néanmoins, les auteurs des articles signés ou non peuvent être mis en cause par la partie publique ou les prévenus.

S'il n'est pas interdit à tout journal ou écrit périodique de rendre aucun compte des débats en matière criminelle, il lui est défendu d'insérer aucun feuilleton blessant les mœurs par des expositions d'argot et d'obscénités.

Les tribunaux correctionnels sont seuls compétens pour connaître des délits commis par la voie de la presse. Ils siégent au nombre de cinq juges, y compris le président. La première condamnation, s'il y a culpabilité reconnue, sera de 200 fr. à 1,000 fr. ; la seconde, comme récidive, sera du double de la première, et la troisième, sans préjudice de la prison et de la suspension du journal, feuille ou écrit, qui pourront toujours être prononcées simultanément, sera de 2,000 fr. à 10,000 fr. d'amende.

Le journal, feuille ou écrit périodique, qui aura encouru trois condamnations au moins, pourra être supprimé par le tribunal qui aura à le juger de nouveau.

L'art. 78 ci-après est applicable aux tribunaux en matière de presse.

Les dispositions des lois que la présente charte ne proscrit pas sont seules applicables.

Art. 9. Toutes les propriétés sont inviolables, sans aucune exception. Nul agent de l'autorité ne pourra s'introduire dans le domicile d'un citoyen sans une autorisation légale et expresse.

Elle sera motivée et notifiée à l'instant par l'agent. Les juges connaîtront de sa légalité. Il sera donné récépissé de tout objet saisi et emporté.

Art. 10. La nation peut exiger le sacrifice d'une propriété pour cause d'intérêt public dûment constaté. Elle n'en prend possession qu'après le paiement intégral de l'indemnité.

Art. 11. Toute recherche d'opinions est interdite. Il n'y a en France que des citoyens libres de penser et d'écrire. L'imprimeur, qui ne pourra refuser ses presses, ne sera jamais responsable.

Art. 12. Le recrutement de l'armée, qui est l'impôt du sang, est maintenu. Il s'applique, par le résultat du sort, aux familles dont les jeunes gens font partie du contingent. La représentation fixe annuellement ce contingent. Le remplacement est prohibé, chacun de ceux désignés par le sort devant contribuer de sa personne à la défense du pays.

La durée du service est déterminée par une loi.

Sur le pied de paix, l'effectif de l'armée est de....... hommes ; sur le pied de guerre, il est de....... hommes, et peut être augmenté.

Il y a un cadre de réserve.

§ II. — FORME D'ATTRIBUTIONS DU GOUVERNEMENT RÉPUBLICAIN.

Art. 13. Le gouvernement républicain se compose de trois parties essentielles : la souveraineté nationale, qui en est la base et qui est inactive ; la représentation nationale, qui est permanente, et la puissance exécutive, qui agit constamment par un président et des ministres.

Art. 14. Le chef du pouvoir exécutif, comme les ministres, sont responsables, et c'est au nom du peuple français qu'ils exercent la puissance exécutive. Ils sont à la nomination du chef du pouvoir exécutif, qui les choisit parmi les hommes remarquables qui ont les sympathies nationales.

Art. 15. Le président est le chef de la puissance exécutive. C'est au nom du peuple français que les armées de terre et de mer sont commandées; que la guerre est déclarée ; que les traités de paix, d'alliance et de commerce sont faits et conclus; qu'il est nommé ou pourvu à tous les emplois d'administration publique, et que sont faits les règlemens et ordonnances nécessaires pour l'exécution des lois.

On ne pourra jamais suspendre les lois elles-mêmes, ni dispenser de leur exécution.

Le président est élu pour trois ans. Il est rééligible. La représentation nationale a tous les pouvoirs pour le réélire ou en nommer un autre.

Art. 16. La représentation nationale a le droit de se faire rendre compte de tous les faits qui auront donné lieu à l'application de l'article précédent. Tous les documens originaux lui sont produits , et , si la prudence com_ mande un comité secret, les tribunes sont évacuées à l'instant. Tous les points qui ne pourront altérer la bonne intelligence ou contrarier toute conclusion de traités avec les nations étrangères seront rendus publics.

Art. 17. La représentation nationale exerce seule la puissance législative. Son droit de contrôle embrasse tout ce qui se rattache à l'administration des biens et des personnes de la nation.

Art. 18. La proposition des lois appartient au pouvoir exécutif et à la représentation nationale.

Art. 19. Toute loi est discutée librement en présence de la majorité représentative et votée par cette majorité. Elle est toujours précédée d'un exposé de motifs développant les avantages de la loi proposée.

Ceux des membres qui n'assistent pas à la discussion ne peuvent voter.

Art. 20. Toute proposition de loi contraire à l'un des articles de la présente charte est immédiatement repoussée par les bureaux.

Toutes les fois qu'une amélioration utile appellera pour être appliquée la la confection d'une loi, la représentation nationale entière ou un seul de ses membres en prendra l'initiative, si le pouvoir exécutif néglige de le faire. Toute proposition sera développée en séance publique et renvoyée ensuite à l'examen des bureaux.

Art. 21. La sanction et la promulgation des lois appartiennent au pouvoir exécutif, qui les fait revêtir de la signature de son chef. Ces sanction et promulgation ne peuvent jamais être refusées.

Art. 22. Toute loi contraire à la présente charte et que le pouvoir exécutif sanctionne et promulgue, en motivant la cause d'opposition, n'est pas obligatoire. Dans ce cas elle est révisée dans les six mois, sinon considérée comme non avenue.

Art. 23. Il n'y a plus de liste civile. Le traitement du président de la république et celui des ministres, des autres fonctionnaires et employés seront déterminés par une loi.

Art. 24. Le Gouvernement représentatif n'admettant ni priviléges ni superfétation, il n'y aura, en France, ni chambre des pairs ni sénat.

Le chef du pouvoir exécutif rendra compte, a l'ouverture de chaque session générale, de l'état de la France et de ses relations avec les puissances étrangères.

L'adresse de la représentation nationale, en réponse à ce discours, sera délibérée, discutée et votée comme il est dit en l'article 19 qui précède. Elle sera l'expression fidèle de la situation, des besoins et des vœux de la nation.

§ III. — DE LA REPRÉSENTATION NATIONALE.

Art. 25. La représentation est composée de citoyens élus par les colléges électoraux, réunis au chef lieu de chaque département. Chaque colonie est représentée par un ou plusieurs députés, selon la population.

Art. 26. La représentation s'exerce par délégation. Le nombre des députés est fixé à 510, pour la France seulement.

L'algérie étant divisée en départemens, participera à la représentation en nommant    députés, d'après les principes de l'article précédent.

Art. 27. Tout contribuable, jouissant de ses droits civils et civiques, est électeur. Tout électeur est éligible. La majorité électorale est fixée à 25 ans. Pour être capable de voter, comme pour être éligible, il faut avoir un domicile à soi et payer une contribution mobilière. Le domicile de la femme séparée de biens est de plein droit celui du mari, et ses contributions sont applicables à ce dernier.

Art. 28. L'élection est à deux degrés. Toute commune nomme des délégués qui se transportent au chef lieu de département, où ils reçoivent leurs cartes de votans en échange de celle de délégués.

Il y aura au moins une réunion préparatoire où les candidats seront tenus de faire une exposition de principes. Néanmoins, les électeurs ne seront pas liés par les professions de foi qu'ils auront entendues, la liberté les autorisant à nommer quiconque aura leur confiance.

Les discours prononcés dans les réunions préparatoires seront imprimés et remis au plus tard la veille de l'élection à ceux des délégués électeurs qui n'y auraient pas assisté. Ils les recevront en même tempe que leur carte.

Art. 29. Le nombre des délégués est déterminé par une loi, eu égard à la population du département. Il ne peut être au-dessous de cinq cents, ni dépasser ou excéder douze cents.

Dans les villes de 50,000 âmes et au-dessus, le collége est divisé en sections.

Paris aura autant de colléges que la population fournira de fois douze cents délégués.

Art. 30. L'élection des députés aura lieu quinze jours après la nomination des délégués. La mission de ceux-ci est de rigueur, à moins d'empêchement légitime. Le délégué qui manquera deux fois de suite sans cause grave perdra à toujours son droit d'électeur.

Art. 31. L'électeur prête serment en ces termes : «*Je jure de respecter, de faire respecter, autant qu'il sera en moi, la charte constitutionnelle, en me conformant aux lois qu'elle maintient on qui en découleront.* »

Art. 32. Les députés sont élus pour trois ans. Ils devront être âgés de 35 ans accomplis lors de leur entrée à la chambre. Ils sont toujours rééligibles.

Art. 33. Les fonctions publiques et les professions commerciales et industrielles sont incompatibles avec les hautes fonctions de représentant. Les députés ne peuvent avoir aucun intérêt, direct ou indirect, dans les entreprises industrielles. Ils ne sont attachés à aucune entreprise ou compagnie, soit comme membres, soit comme faisant partie d'un conseil de surveillance ou autrement. Il en est de même des fonctions de maire, conseiller municipal, d'arrondissement et de département.

Les avocats élus représentans ne plaident pas pendant la durée de leur mandat. Ils se doivent à la nation.

Tous les représentans ont le droit d'écrire, d'imprimer et de publier leurs opinions; mais ils ne peuvent être rédacteurs de journaux, feuilles ou écrits périodiques.

Art. 34. Tout contribuable peut voter, lors même qu'il appartiendrait à une administration publique. Les juges et autres magistrats votent également.

Art. 35. Les colléges électoraux, pour la formation des bureaux provisoires, sont composés du doyen d'âge président, et de quatre scrutateurs, les deux plus âgés et les deux plus jeunes des électeurs présens.

Art. 36. Les présidens définitifs et les scrutateurs sont nommés par les électeurs à la majorité absolue. Le secrétaire est choisi par le bureau parmi les électeurs.

Art. 37. Les députés sont choisis parmi tous les citoyens Français, quel que soit leur domicile, remplissant les conditions prescrites par les art. 27 et suivans. Chaque bulletin porte autant de noms qu'il y a de députés à élire. Ils sont nommés à la majorité absolue, soit au premier, soit au second tour de scrutin. La majorité relative est proscrite.

Art. 38. Le président de la chambre est élu par elle à l'ouverture de chaque session générale. Il y a quatre vice-présidens et quatre secrétaires élus de la même manière.

Art. 39. L'art. 35 est applicable à l'organisation provisoire de la chambre. Le règlement est fait dans les conditions de la présente Charte.

Art. 40. Les représentans siégent pendant six mois au grand complet, excepté les absens pour cause de maladie ou par congés limités. Pendant les six autres mois, il n'y aura jamais moins de deux cent soixante-dix membres présens. Les représentans rempliront alternativement leurs fonctions dans cet intervalle de temps.

Ceux qui manqueront deux fois de suite à l'appel qui leur sera fait de se rendre à leur poste seront considérés comme démissionnaires et remplacés dans le mois. L'exactitude est un devoir rigoureux, et les procès-verbaux constateront toujours les absences.

Art. 41. Les représentans ne prêtent pas serment. Ils font la déclaration suivante : *Je jure de respecter et de faire respecter par le pouvoir exécutif, le seul qui puisse l'enfreindre, la Charte constitutionnelle délibérée au nom de la nation. »*

Art. 42. Les séances de la chambre sont publiques. Les journaux en rendent compte. La demande faite par vingt membres suffit pour qu'elle se forme en comité secret. Dans ce cas, le public et les journalistes se retirent.

Art. 43. Les représentans se partagent en neuf bureaux pour examiner préalablement toutes les propositions dont elle a pris l'initiative, ou qui lui sont présentées au nom du gouvernement. Les ministres sont toujours entendus. Si les propositions semblent utiles et en harmonie avec la Charte, des commissaires sont nommés par les bureaux ; ils se réunissent en commission et font un rapport à la chambre, qui discute ensuite les propositions déjà développées conformément à l'art. 20.

Art. 44. Aucun impôt ne peut être établi et perçu s'il n'a été consenti par la représentation nationale dans les conditions de l'art. 19, et sanctionné par le pouvoir exécutif. Le contingent général de l'impôt direct est invariable pendant trois ans. Les objets nouvellement imposables viennent en déduction. Le contingent ne subit d'augmentation que dans le cas de guerre, et où le fonds de réserve paraîtrait insuffisant.

Art. 45. Aucun crédit extraordinaire ou supplémentaire, ouvert par une ordonnance ou décret quelconque, n'est ratifié par la représentation nationale ; il reste à la charge des ministres qui l'auraient sollicité et obtenu. Les fonds éventuels sont destinés aux besoins imprévus et aux événemens de force majeure.

Art  46. Le budget des voies et moyens, c'est-à-dire  des  recettes, est examiné avant celui des dépenses; il est vérifié, examiné, et  arrêté tous les ans. Celui des dépenses est présenté immédiatement après ; il est contrôlé, accepté ou rejeté en tout ou partie.

Les dépenses n'atteignent jamais les recettes.

Il y a un fonds de réserve  déterminé pour faire face  aux  éventualités, soit de guerre, soit de dissensions  intérieures, soit  d'épidémies, inondations, etc., etc.

Tous les ans la matière imposable est recensée et les nouvelles  charges réparties sur les  départemens dont elles dépendent, conformément à l'article 44.

Le budget et les comptes sont présentés,  examinés, discutés  et votés comme lois d'urgence, dans les trois premiers  mois de la grande session. Tous les représentans sont présens pendant la durée de  la  discussion et du vote.

Art. 47. Les impôts indirects étant d'une  nature variable et plus incertaine, sont fixés tous les ans d'une manière approximative.  Ils sont exigés et perçus d'après un tarif clair  et  ininterprétable.  L'excédant du contin gent, s'il y en a, fait partie du  fonds  de  réserve.  Les droits d'octroi, par tout où il en existe, sont diminués de moitié. Les objets de première nécessité entrent en franchise. Ces droits font partie de la contribution indirecte.

L'exercice sur les boissons est supprimé. Il  est  remplacé par  une taxe unique variant selon la nature et la qualité des  liquides. Les municipalités détermineront cette taxe, dont le quart  sera  versé dans  les caisses communales.

Art. 48. Dans le mois de la  démission  ou  du  décès d'un député, les électeurs et le collége qui l'auront élu sont tenus de  procéder à  son remplacement.

Art. 49. Les représentans ne peuvent être poursuivis ni dans leurs personnes, ni dans leur domicile, ni dans  leurs  meubles pendant la durée de leur mandat, à moins qu'il ne s'agisse d'un flagrant délit ou d'un crime. Dans ce cas, la chambre,  si elle est convaincue, prononce la suspension des fonctions, et renvoie devant la justice ordinaire  du pays. Aucune arrestation n'a lieu sans l'assentiment de la représentation nationale.

Art. 50. Les représentans reçoivent pendant la durée de  leurs fonctions ou mandat, par mois  et d'avance, à compter de  leur prestation de serment, chacun une indemnité de 500 fr.  Les députés des colonies recevront en sus leurs frais de voyage.

Art. 51. Celui qui aura accepté ou  exercera  des fonctions publiques se rattachant au pouvoir exécutif ne pourra être élu ou réélu député qu'un an après son remplacement officiel. Toute autre fonction cesse le jour de l'admission à la chambre.

Art. 52. Celui qui aura corrompu ou tenté de  corrompre un  ou plusieurs électeurs sera traduit d'office devant les tribunaux, quels que soient son rang et sa position, par le magistrat du ressort remplissant les fonctions de ministère public. L'élection entachée de corruption et dénoncée seulement par la clameur publique, est nulle, et, dans le mois, il sera procédé à une nouvelle, sans préjudice des poursuites contre qui il appartiendra. L'art. 64 ci-après est applicable ici.

Le condamné pour corruption est désormais privé de son droit d'élec
teur et d'éligible. Le condamné pour vol est dans le même cas.

Art. 53. Le droit de pétition touchant les questions de principes et se
rattachant aux lois ou à leur exécution, est illimité. Ce droit ne s'exerce
pas envers le pouvoir exécutif. Toute pétition fondée sur des faits graves
et d'intérêt général sera l'obj t d'un rapport public.

Toute pétition sera immédiatement inscrite sur un registre d'ordre, et
dans la quinzaine de sa réception, il en sera donné avis au pétitionnaire.

La chambre est juge de toutes les pétitions, et elle connait spécialement des récompenses nationales à décerner aux citoyens. Celles qu'elle
renvoie aux ministres sont prises en considération, et ceux-ci y font droit
dans les deux mois.

Art. 54. Les officiers en activité de service des armées de terre et de
mer appartenant immédiatement au pouvoir exécutif, dont ils dépendent,
ne sont point électeurs et ne peuvent être appelés à faire partie de la représentation nationale.

Art. 55. Lors des élections générales, et au moment de l'opération du
scrutin, chaque bulletin devra contenir les noms des députés à nommer.

§ IV.—DISPOSITIONS EXCEPTIONNELLES.

Art. 56. Les fonctions sacerdotales étant mixtes et devant contribuer
d'une manière efficace à l'enseignement et à la propagation de la morale
chrétienne et sociale, ne sont point incompatibles avec celles d'électeurs
seulement.

Art. 57. La chambre des députés, remplissant exclusivement des fonctions législatives, ne pourra jamais se constituer en cours de justice, l'application des lois appartenant aux juges institués et non à ceux qui pro-
posent, préparent, discutent, délibèrent et votent ces lois.

Art. 58. Le parent de tout député occupant des fonctions publiques sa-
lariées ou non, quelle que soit l'administration dont il dépende, à moins
qu'il n'appartienne activement à l'armée de terre ou de mer, ne pourra
prétendre à aucun avancement durant le cours du mandat. La réélection
immédiate le replace dans le même cas.

Art. 59. Lorsque la représentation nationale aura reconnu , sur une
proposition spéciale, la nécessité de réformer une ou plusieurs dispositions
de la présente Charte, la nation sera convoquée dans le cours de deux
mois afin d'obtenir son consentement qui sera exprimé sur des registres à
ce destinés.

Le pouvoir exécutif sera tenu de se conformer aux réformes introduites.

§ V. — DES MINISTRES.

Art. 60. Les ministres sont à la nomination du président, qui les choisit parmi les hommes remarquables ayant le plus les sympathies nationales
et offrant à la nation des garanties morales et de fortune.

Les fonctions de ministre sont incompatibles avec celles de représentant
ou autres,

Nul fonctionnaire ne pourra être nommé ministre qu'un an après son
remplacement officiel. Les ministres sont responsables de tous les actes de

gouvernement. Le jour où ils cessent d'avoir l'approbation nationale ils sont changés.

Tout député peut être nommé ministre. L'élection pour son remplacement a lieu dans le mois, et, lorsqu'il aura cessé ses fonctions de ministre, il pourra être réélu député.

Art. 61. Tout citoyen a le droit, par voie de pétition, de demander la mise en accusation des ministres pour forfaiture nationale. La Représentation a seule celui d'accueillir la demande, si elle lui paraît fondée, et de renvoyer devant les tribunaux compétens, qui appliquent simultanément, s'il y a lieu, les dispositions des Codes civil et pénal en cas de culpabilité.

Aussitôt que le renvoi est prononcé, le chef du pouvoir exécutif le remplace.

S'il y a procès contre des ministres du Gouvernement, la nation est de droit partie civile. Le ministère public fait procéder immédiatement à l'instruction. La responsabilité dure cinq ans. A l'instant même leurs biens meubles et immeubles, rentes sur l'Etat ou autres, sont le gage de cette responsabilité, et du jour où ils sont nommés, ces biens ne sont ni transmissibles, ni aliénables.

Les ministres sont tenus, chacun en ce qui le concerne, de pourvoir, dans le mois du décès, de la démission, de la retraite ou de la destitution de tout fonctionnaire ou administrateur salarié ou non, au remplacement du titulaire décédé, démissionnaire, retraité ou destitué, à peine de responsabilité.

Tout fonctionnaire ou administrateur antipathique à la majorité d'une commune sera immédiatement remplacé. Aucune administration ne sera privée ni de ses employés ni de ses chefs.

§ VI. — DE L'ORDRE JUDICIAIRE.

Art. 62. Toute justice émane de la Charte constitutionnelle et des lois qu'elle maintient ou qui en sont l'exacte conséquence. Elle s'administre au nom du peuple français par des juges nommés sous la responsabilité ministérielle.

Art. 63. Les juges de toutes les juridictions et de tous les degrés sont amovibles.

Ils ne peuvent être suspendus ni remplacés sans avoir pris l'avis du tribunal dont ils sont membres et de la cour d'appel du ressort. S'il s'agit d'un conseiller à la cour de cassation, toutes les sections sont réunies. Le pouvoir exécutif approuve et ratifie les décisions par un décret. Il y a toujours lieu à pourvoi.

L'enquête, les décisions et l'ordonnance ont lieu dans un délai de trois mois.

Les tribunaux supérieurs ont le droit de surveillance sur les inférieurs.

Art. 64. La justice est due à tous les citoyens. Toute plainte contre un magistrat et tout tribunal est portée au tribunal supérieur, qui instruit et statue. Le coupable ou le diffamateur est puni selon la gravité du fait imputé. Il n'est nullement besoin d'une autorisation spéciale s'il s'agit de poursuivre un fonctionnaire quelconque.

Art. 65. Les cours et tribunaux sont maintenus et continuent leurs fonctions dans les conditions des articles précédens. Les tribunaux, eu égard à la population et au nombre d'affaires, auront plusieurs chambres.

Les juges de commerce sont également à la nomination du pouvoir exécutif, qui les choisit parmi les notabilités de l'arrondissement.

Les tribunaux de commerce ont le même rang que ceux de première instance.

Art. 66. Les officiers du ministère public, qui interviennent dans l'intérêt de la loi, de l'ordre et de la société, sont placés sous la protection de l'article 63.

Art. 67. Les juges de toutes les juridictions, les magistrats du parquet et les officiers ministériel postulant et exerçant près d'elles, reçoivent un traitement de la nation.

Le traitement des juges de première instance ne sera jamais au-dessous de 200 fr. par mois et à Paris au-dessus de 300. Celui des conseillers de toutes les cours d'appel de France, Paris excepté, sera de quatre mille francs par an. A Paris, il sera de 5,000 fr. Les premiers présidens, Paris excepté, recevront 8,500 fr. par an ; celui de la cour d'appel de Paris touchera 9,500 fr. par an.

Les magistrats du parquet recevront un traitement égal à celui des magistrats de leur ressort et hiérarchiquement.

Le traitement des conseiller, présidens et premier président à la cour de cassation, ainsi que celui des membres du parquet, est réduit d'un tiers de ce qu'il est aujourd'hui.

Art. 68. Il y aura près des tribunaux de paix et de commerce des magistrats remplissant les fonctions de ministère public. Ils auront rang relativement et toucheront un traitement pareil à celui des magistrats avec lesquels ils siégeront. Les commissaires de police n'en peuvent pas être chargés.

Art. 69. Les juges de paix et de commerce sont tenus à un cours de droit civil, de procédure et de commerce avant leur entrée en fonctions, ou de justifier de leur capacité. Il en sera de même pour ceux qui aspireront aux fonctions de ministère public.

La circonscription cantonale qui aura plus de 20,000 habitans aura deux juges de paix.

A Paris, il y aura un juge de paix pour 30,000 habitans.

Le traitement des juges de paix sera, pour la province, de 150 fr. par mois, et ne dépassera jamais 200 fr.

A Paris, ce traitement sera de 250 fr.

Art. 70. La commune de Paris aura douze tribunaux de commerce siégeant dans chacun des arrondissemens établis.

Art. 71. Toutes les règles de la compétence et les prescriptions de la loi seront religieusement observées en toute matière par les tribunaux.

Art. 72. La défense est entièrement libre devant tous les tribunaux. Toute entrave est prohibée et punie. Tout citoyen qui demande de s'expliquer en personne est entendu. On peut prendre un ami pour défenseur.

Art. 73. Nul ne peut être distrait de ses juges naturels.

Le non commerçant, quel que soit le titre qu'il souscrive, n'est pas justiciable du tribunal de commerce. Les officiers ministériels sont responsables.

Art. 74. Le jugement déclarant en état de faillite ouverte le commerçant marié, entraine de plein droit la séparation de biens. Ce jugement est transcrit au greffe du tribunal civil et affiché.

Art. 75. Les contributions et ordres sur prix d'immeubles et autres seront clos définitivement dans l'année. La pénalité contre les auteurs du retard sera fixée par le tribunal.

Art. 76. Les frais d'appel de jugemens sont diminués de moitié.

Les actes extrajudiciaires notifiés par suite du renvoi ordonné par un tribunal de commerce devant arbitres-rapporteurs, seront déclarés nuls par le même tribunal.

Art. 77. Tout citoyen froissé dans ses intérêts par un jugement ou arrêt et qui ne pourra en appeler ou se pourvoir, justifiera de son impossibilité au chef du parquet de son arrondissement, soit par un certificat du maire de la commune attestant sa gêne, soit par une déclaration formelle de quatre contribuables. Dans ce cas, l'appel ou le pourvoi, son instruction et l'arrêt définitif auront lieu d'office et sans frais, le chef du parquet étant convaincu de la sincérité de l'attestation.

Art. 78. Les tribunaux ne vaquent pas. La justice est rendue tous les jours et en tout temps. Les juges obtiennent des congés limités. Le ministère public ne s'absente jamais ; tous les jours et à toute heure il est visible dans la personne de l'un de ses membres. Tout tribunal comme tout magistrat est responsable de forfaiture et de déni de justice.

§ VII.—DE L'ORDRE ADMINISTRATIF.

Art. 79. La cour des comptes, le conseil d'Etat et les conseils de préfecture sont assimilés aux tribunaux. Les dispositions des articles 62, 63, 64, 65, 66, 71, 72, 73, 77 et 78 leur sont applicables.

Les arrêtés du conseil d'Etat seront rendus dans la forme des arrêtés des conseils de préfecture. Ils ne seront pas revêtus de la signature du chef du pouvoir exécutif.

Le traitement du président du conseil d'Etat est de...

Celui du vice-président est de...

Celui des conseillers est de...

Celui des maitres des requêtes est de...

Celui des auditeurs est de...

Celui du procureur-général est de...

Celui des officiers du parquet est de...

Enfin, celui des employés des bureaux est déterminé par un règlement du conseil, sans que le chiffre le plus élevé puisse dépasser..... fr., ni descendre au-dessous de 1,200 fr.

Art. 80. L'article précédent est applicable aux membres et employés de la cour des comptes quant au traitement à accorder.

Art. 81. Les conseillers de préfecture touchent à Paris        francs, et partout ailleurs        mille francs.

Leurs attributions s'étendent à toutes les affaires intéressant les communes.

§ VIII.—DES JUGEMENS, ARRÊTS ET DÉCISIONS.

Art. 82. Les tribunaux ne peuvent rendre, chacun dans sa juridiction, plus de cinq cents jugemens ou arrêts dans le cours de l'année. Dans les localités où le besoin de la justice l'exigera, il sera créé une ou plusieurs chambres. Tout procès porté devant un tribunal quelconque sera jugé dans l'année, à peine de responsabilité.

Art. 83. La cour des comptes, le conseil d'Etat et les conseils de préfecture décident, sur leur responsabilité, dans les délais fixés par les lois, tous les points qui leur sont soumis, toutes les réclamations qui leur sont adressées, ainsi que toutes les affaires de leur compétence que la justice leur impose l'obligation d'évoquer dans l'intérêt même de l'administration et de la société. Le conseil d'Etat est tenu de juger tous les recours dans les **six** mois.

### § IX. — PROHIBITION.

Art. 84. Il ne pourra être créé de commissions ni tribunaux extraordinaires, à quelque titre et sous quelque dénomination que ce puisse être.

Art. 84 bis. La contrainte par corps ne sera jamais prononcée contre un non-commerçant. Dans ce cas, les tribunaux sont responsables. Il y aura toujours lieu à la révision du jugement par la cour suprême, sous l'invocation de l'art. 77 ou autrement.

### § X. — PUBLICITÉ DES DÉBATS.

Art. 85. Dans tous les tribunaux, même administratifs, les débats sont publics, excepté lorsque cette publicité peut paraître dangereuse pour l'ordre et pour les mœurs. Dans ce cas, un jugement, arrêt ou décision le déclare, et la salle de séances est immédiatement évacuée.

Les séances des conseils municipaux, d'arrondissement et de département sont publiques.

### § XI. — DES JURÉS.

Art. 86. L'institution des jurés est conservée.

Tout contribuable-électeur, sachant discerner, lire et écrire, peut être appelé comme juré. Il prête serment d'observer la charte et les lois existantes, et d'agir en son âme et conscience. Une liste annuelle des citoyens capables d'exercer les graves fonctions de juré est dressée par le maire, assisté du conseil municipal de chaque commune, qui donne son avis, et elle est envoyée au préfet sous leur responsabilité.

Art. 87. Les jurés sont désignés par la voie du sort. Le tirage auquel il est procédé, en présence du conseil de préfecture, a lieu un mois avant l'ouverture de chaque session.

Art. 88. Les citoyens dans le cas de faire partie du jury sont formés en sections. La voie du sort désigne celles des sections qui doivent les premières fournir les jurés. Le tirage général a lieu publiquement en conseil de préfecture, sous la présidence du préfet.

Art. 89. Le droit de récusation s'exerce réciproquement. Les motifs et les causes sont déduits ; ils doivent être concluans et péremptoires. L'opinion politique ne sera jamais un moyen de récusation.

Art. 90. Nul ne peut être juré s'il se trouve dans le cas de l'art. 34. Tout juré reçoit une indemnité jour par jour.

Art. 91. Toutes les dispositions des Codes d'instruction et pénal qui ne sont pas contraires à la présente sont maintenues. Les autres lois sont abrogées.

## § XII. — DES OFFICIERS MINISTÉRIELS.

Art. 92. Tous les officiers ministériels sont sous la dépendance des tribunaux et assimilés aux fonctionnaires publics. Ils font partie intégrante de l'administration de la justice et sont soumis à des règlemens disciplinaires.

Art. 93. La vénalité des charges est abolie.

A compter de la promulgation de la présente charte, tous les offices sont transmis par voie de présentation dans les formes indiquées par les décrets existans, sans autre prix ou indemnités que le double des cautionnemens exigés.

Art. 94. Les titulaires actuels qui cesseront leurs fonctions seront remboursés par l'Etat du prix que vaudront leurs offices six mois après les publications voulues. Ce prix sera déterminé, d'après l'avis de la compagnie ou communauté, par le tribunal de première instance du ressort, eu égard à l'importance légale des produits.

La décision du tribunal sera motivée et notifiée par le greffier. L'appel qui pourra en être interjeté sera instruit sans frais et jugé dans le mois.

Art. 95. Chaque corporation a une bourse commune et des règlemens locaux délibérés par le tribunal de première instance, déterminant la proportion relative de chacun, eu égard aux traitemens particuliers accordés à certain d'entr'eux pour leur service auprès des cours et tribunaux.

Art. 96. Le trésor rentre dans les avances du prix des offices au moyen de deux vingtièmes du produit des actes qu'il perçoit pendant quinze ans.

Art. 97. Il leur est interdit de donner aux citoyens, dans les actes de leur ministère, d'autres professions et qualifications que celles qui leur sont propres. Ils se conforment en tous points aux lois que la charte laisse en vigueur.

Ils font, sans rétribution aucune, les actes prévus par l'art. 77 qui précède.

Art. 98. Les officiers ministériels n'étant pas entièrement libres, et se devant d'ailleurs à leurs fonctions, comme les magistrats et autres fonctionnaires, ne sont ni jurés ni éligibles.

Ceux qu'on nomme agréés près les tribunaux de commerce ne sont point officiers ministériels. Ils ne peuvent transmettre leurs prétendues charges, et les tribunaux ne leur accordent pas plus de privilége et de foi qu'à tous autres porteurs de pouvoirs légalisés. Les tribunaux exigent la présence ou comparution des parties en personne ou la justification régulière des causes de l'empêchement.

Art. 99. Les dispositions des lois et décrets que la présente charte ne rapporte pas à cet égard continuent d'être exécutés.

## § XIII. — DE LA CONFISCATION.

Art. 100. La confiscation n'existe pas et ne pourra jamais être établie.

## § XIV. — DE LA CLÉMENCE NATIONALE ET DE LA COMMUTATION.

Art. 101. La grâce est l'abolition du crime ou du délit. La commutation transforme la peine et l'adoucit. La première éclaircit un doute et la seconde consacre un fait.

Art. 102. La grâce n'est accordée qu'après un mûr examen, et lorsque les documens du procès ne permettent pas d'avoir une conviction pleinement formée sur la culpabilité du condamné.

Art. 103. Le pouvoir exécutif fait grâce dans les conditions de l'article précédent. Il a le droit de commuer les peines. Les demandes en grâce et en commutation sont motivées et ne contiennent que des faits certains ou probables. Elles sont rendues publiques, et l'acte de clémence n'est manifesté que deux mois après. Le mensonge et l'imposture résultant de ces demandes en détruisent immédiatement l'effet ; leurs auteurs sont livrés aux tribunaux qui les jugent et leur infligent la punition encourue.

Art. 104. La grâce emporte de plein droit l'affranchissement de toute surveillance. La commutation produit l'effet qu'elle énonce.

§ XV. — DISPOSITIONS SPÉCIALES.

Art. 105. L'armée de terre et de mer est régie par des lois spéciales. Néanmoins, les militaires en activité de service, les officiers et soldats en retraite, les veuves, les officiers et soldats pensionnés conservent leurs grades, honneurs et pensions.

Art. 106. La dette publique et tout autre engagement pris par la nation envers ses créanciers sont inviolables. La conversion des rentes pourra toujours avoir lieu.

La dette flottante sera amortie en totalité ou en partie tous les cinq ans avec la moitié du fonds de réserve, s'il n'y a pas de guerre.

Art. 107. La noblesse ancienne n'existe plus. Il est défendu d'en prendre les titres dans aucun acte public ou privé. Il ne sera pas fait de nobles, mais des récompenses particulières pourront être accordées par le pouvoir exécutif sur des fonds spéciaux.

Art. 108. La Légion-d'Honneur est maintenue. La représentation nationale détermine les règlemens et la décoration. On soumet à son appréciation le fait pour lequel il est proposé de la décerner à un citoyen. Elle est le premier prix du mérite civil et militaire, et la représentation nationale en interdit le port à quiconque n'y a pas un droit positif.

Les décorations décernées sous le ministère tombé en février 1848 sont nulles et ne pourront être portées.

Art. 109. La surveillance est abolie.

Tout condamné qui a subi sa peine est libre. Tout délit ou crime nouveau, quelle que soit l'époque à laquelle il est commis, entraîne la récidive. Tout condamné à la déportation ou au bannissement est libre hors de France. Si, sans autorisation, il reparaît sur le sol français et y est arrêté, il sera condamné à une détention à vie.

L'extradition pour cause politique n'est jamais demandée.

Les étrangers réfugiés en France y sont humainement traités ; ils ne peuvent jamais être contraints à rentrer dans leur pays.

Art. 110. La salubrité des prisons est de rigueur. Le système cellulaire cesse d'exister. Une commission de cinq médecins visite tous les deux ans les lieux de détention et déclare si le climat et le régime physique et matériel sont ou non salubres. Les condamnés malades sont transférés dans une maison de santé. Les fonctionnaires, agens ou employés qui s'opposent aux mesures que commande l'humanité sont responsables.

Art. 111. Les départemens, arrondissemens et communes ont le droit d'avoir une caisse d'épargnes et de l'administrer dans le seul intérêt de leurs localités respectives. Les fonds ne sont jamais déposés au Trésor. Des règlemens locaux ou statuts déterminent les bases, les garanties et le chiffre des prêts aux citoyens.

Les jeux fictifs de la bourse sont supprimés. La représentation nationale est appelée à délibérer une loi dans le cours de six mois.

Art. 112. Les colonies sont régies par des lois particulières mises en harmonie avec les latitudes, les mœurs et les besoins de leurs habitans.

L'esclavage et la traite sont abolis.

Le droit de visite sur les navires du commerce n'existe pas.

§ XVI.—SPECTATIVE DE LA SOUVERAINETÉ NATIONALE.

Art. 113. La garde nationale est instituée. Elle est indépendante et distincte du pouvoir exécutif. Elle est permanente et ne peut jamais être dissoute.

La garde nationale est la nation armée ; elle est placée sous la surveillance et la haute responsabilité de la représentation nationale qui délibèrera un règlement d'organisation. Il sera pourvu aux frais de la nation à son armement et à son équipement dans le délai d'une année.

Tous les officiers sont nommés par les gardes nationaux. Il en est de même des sous-officiers. Tous les officiers supérieurs et commandans en chef sont nommés par des délégués qui procèdent également à l'élection de tous les officiers de l'état-major.

Les députés ni les pairs ne font partie de la garde nationale.

Aucun fonctionnaire, magistrat, agent ou employé des administrations publiques, judiciaires, civiles et militaires, n'y est appelé.

Les officiers, sous-officiers et soldats des armées de terre et de mer, rentrés dans leurs foyers pour cause de retraite ou de service effectué, sont gardes nationaux comme tous les autres citoyens jusqu'à soixante ans, s'ils sont valides.

Les gardes nationaux, en cette qualité, prêtent serment de *défendre* la Charte, dont ils sont l'image ambulante.

Les étendards portent : RÉPUBLIQUE FRANÇAISE, SOUVERAINETÉ NATIONALE.

Des couleurs nationales sont le bleu, le blanc et le rouge réunis. L'extrémité de la lance porte le coq gaulois.

Elle concourt au maintien de l'ordre public, sans être astreinte à aucun service de police.

Au cas de guerre, d'invasion et de conflit, elle peut être appelée à un service actif.

Les bataillons et compagnies de la garde nationale mobile sont immédiatement formés.

Art. 114. Le contingent de l'armée de terre et de mer est renouvelé tous les ans par la voie de recrutement. Au cas de conflagration générale, il peut être indéterminément augmenté.

Les chefs de corps sont responsables envers le pouvoir exécutif et la nation de l'inobservation des lois et de l'exécution trop précipitée des ordres qui leur seraient donnés dans les cas de mouvement populaire et même de simple émeute.

Les étendards de l'armée portent : RÉPUBLIQUE FRANÇAISE, DÉFENSE DE LA PATRIE

L'état des sous-officiers et leurs droits à l'avancement sont déterminés par une loi mise en harmonie avec l'esprit de la présente Charte. Le pied de guerre est une exception à la règle pour l'avancement.

### § 17.—DE LA GENDARMERIE.

Art. 115. A Paris, la gendarmerie est instituée pour la police administrative et l'exécution des ordres et arrêts de la justice.

Ses étendards, comme ceux de la gendarmerie départementale, portent : *République française, liberté, ordre public.*

Ce corps est, comme l'armée, sous la dépendance du pouvoir exécutif et directement placé sous les ordres de l'autorité administrative locale.

### § XVIII.—DES MAIRES, ADJOINTS, CONSEILLERS MUNICIPAUX D'ARRONDISSEMENS ET DE DÉPARTEMENS.

Art. 116. Les conseillers municipaux sont nommés par les citoyens contribuables qui ont droit de voter conformément à l'art. 27. Celui des conseillers municipaux, qui obtient le plus grand nombre de suffrages, est maire de plein droit. Il en est de même pour les adjoints. Ils sont élus pour trois ans.

Les conseils municipaux peuvent toujours se réunir en avertissant officiellement, huit jours à l'avance, l'autorité supérieure hiérarchique.

Les maires et adjoints ne peuvent être suspendus ni révoqués sans motifs graves énoncés dans la décision contre laquelle le recours au Conseil d'État est de droit.

Les fonctions de conseiller municipal, de maire ou d'adjoint, sont incompatibles avec les fonctions de conseiller général d'arrondissement, de commissaire des hospices, etc. Le dernier paragraphe de l'art. 61 est applicable aux maires et adjoints.

Art. 117. Les conseils généraux et d'arrondissemens sont composés de citoyens nommés par la voie de l'élection voulue par l'art. 27 et suivans.

Les élus ne peuvent occuper aucune autre fonction et doivent résider dans l'arrondissement ou le département pendant six mois au moins.

Ces conseils se réunissent au moins une fois tous les trois mois. Ils s'occupent de tout ce qui peut intéresser les communes, l'arrondissement et le département, notamment de la répartition de l'impôt en contingens applicables aux arrondissemens, cantons et communes. Leur session n'est close qu'après l'accomplissement des travaux qui leur sont soumis.

Les préfets et sous-préfets présentent les propositions du gouvernement, les développemens, et se retirent lors de la délibération. Chaque membre a l'initiative de toute proposition.

Les fonctions dont il s'agit sont incompatibles avec toute autre fonction publique, même non salariée.

**Art. 118.** Le serment d'observer la Charte constitutionnelle et d'obéir aux lois qu'elle consacre, et que doivent prêter les maires, adjoints, conseillers municipaux d'arrondissemens et de départemens, est reçu par les présidens des conseils auxquels ils succèdent, en assemblée générale. Il est consigné au registre des délibérations.

Les conseils d'arrondissemens et de départemens ne peuvent être dissous sans cause légitime et légale. L'ordonnance qui convoque les électeurs dans le mois est motivée à cet égard. Le ministre est responsable. Le pourvoi au Conseil d'Etat est de droit.

Les registres des délibérations sont publics. Le président a la police des séances.

### § 19.—DES PRUD'HOMMES.

**Art. 119.** La juridiction des prud'hommes est instituée. Il y aura des conseils de prud'hommes dans toutes les villes de France. Ces conseils sont élus par tous les intéressés; ils sont composés de maîtres et de maîtres ouvriers. Le président est toujours le chef d'une maison de commerce ou d'industrie. Tous les trois ans il est procédé à une nouvelle élection.

Ils siégent au nombre de trois dans les chefs-lieux de canton, dans ceux d'arrondissemens au nombre de cinq, dans ceux de départemens au nombre de sept, et dans chacune des villes de cinquante mille âmes, et au-dessus, au nombre de onze.

Dans les villes de commerce et de manufactures, ces conseils sont composés d'un nombre de membres correspondant à celui des ouvriers dans la juridiction.

A Paris, il y aura un conseil de prud'hommes par arrondissement. Ils siégent une fois par semaine au moins.

Les conseils de prud'hommes, connaissent de toutes les difficultés et contestations qui existent entre les maîtres et les ouvriers. Il est interdit aux autres tribunaux de prononcer en pareille matière et aux officiers ministériels de former de demande dans ce but, à peine de dommages-intérêts et même de suspension.

L'instruction se fait sur simple lettre, parties présentes, et les décisions sont souveraines ou sans appel ni recours quelconque. Rien n'est sujet ni au timbre ni à l'enregistrement. Des arbitres et experts sont nommés dans es affaires sur lesquelles les juges ne sont pas parfaitement éclairés. Ceux qui ne se présentent pas sur la lettre du greffe de ce tribunal sont jugés par défaut, et n'en sont relevés à la huitaine suivante qu'en justifiant du motif du retard.

Un règlement d'ordre intérieur et de tarification des salaires est arrêté par une commission nommée par la majorité des parties intéressées. Il est visé par le préfet et déposé aux archives du département. Un exemplaire reste toujours affiché dans la salle des séances. Ce règlement détermine le nombre des membres devant composer les conseils de prud'hommes pour siéger alternativement.

Il est pourvu aux simples frais que nécessitent le fonctionnement des conseils et la coopération d'employés indispensables, au moyen de centimes ajoutés à la contribution des parties intéressées.

Les membres des conseils sont installés par le tribunal de première instance ou l'un des juges, et prêtent devant lui le serment d'observer religieusement la charte, les lois, les réglemens et toutes les prescriptions de l'équité, de la justice et de l'humanité.

Les décisions des conseils de prud'hommes ont la même autorité que es jugemens des autres tribunaux ayant acquis la force de la chose jugée. Les grosses signées du greffier et scellées auront la même formule et seront signifiées et mises à exécution par les officiers ministériels. A partir de la signification comprise, le timbre et l'enregistrement sont exigés.

Art. 120. Toute corporation est libre d'avoir un syndicat pour surveiller l'exécution des règlemens des prud'hommes et renseigner ceux-ci sur les affaires portées devant eux, et que ce syndicat n'aurait pu terminer à l'amiable.

<h3 style="text-align:center">§ 20. — DE L'INSTRUCTION PUBLIQUE.</h3>

Art 121. L'instruction est de droit naturel ; dès lors l'enseignement est libre. Il n'y a plus de monopole à cet égard, et tous droits universitaires sont supprimés.

Le corps enseignant désigné sous le nom de l'Université continue de subsister ; mais sans autres privilèges ou droit que celui de remplir par chacun de ses membres la mission qui lui est attribuée.

Tous les collèges, séminaires, pensionnats, écoles primaires ou autres sont placés sous l'autorité nationale et sous la surveillance des administrations municipales. Les principes de la langue française et tous les livres d'enseignement sont uniformes partout. Néanmoins, au-dehors des classes, il est loisible aux directeurs et maîtres d'employer celle des méthodes qui leur parait plus propre au progrès des élèves, soit dans leur langue ou dans une autre, soit dans les sciences et dans les arts.

Les quatre académies délibèrent les méthodes nécessaires à l'enseignement. Elles sont soumises à l'approbation de la Représentation nationale.

La charte constitutionnelle, précédée d'un catéchisme républicain, fait partie intégrante de l'enseignement. Les écoles de hautes études continuent d'exister sous la surveillance du pouvoir exécutif, qui en rend compte.

Les directeurs et chefs d'institutions sont libres dans le choix de leurs professeurs. Une compagnie d'inspecteurs des langues, sciences et arts est reconnue et rétribuée par la nation. Les inspecteurs sont nommés dans un concours entre les professeurs. Tous les ans ils visitent les écoles, collèges, pensionnats, etc., etc., et font un rapport sur l'état de l'enseignement et les progrès de l'instruction. Ce rapport est lu et déposé à la chambre des députés. Les inspecteurs cantonaux, d'arrondissement et de département sont choisis et nommés par les conseils d'arrondissement et de département. Ils prennent le titre de sous-inspecteurs. Une loi d'attribution déterminera leurs relations et l'étendue de leurs fonctions.

Les quatre académies sont maintenues. Elles se complètent au moyen d'un concours et par la voie de l'élection. Les titulaires reçoivent un traitement de la nation.

Les professeurs des grandes écoles, rétribués par la nation, sont nommés par le résultat d'un concours. Tout citoyen peut concourir et aspirer au professorat.

Nul ne peut être suspendu ni révoqué sans cause grave énoncée dans la décision ou ordonnance, laquelle peut toujours être déférée au conseil d'Etat, compétent pour statuer en dernier ressort, surtout en matière de révision fondée sur une erreur de fait ou de droit. Cette révision est l'objet d'un mûr examen.

Une loi génerale sur l'enseignement de tous les degrés sera délibérée par la représentation nationale dans le cours d'une année. Elle sera en harmonie avec toutes les dispositions de la Charte et sans priviléges d'aucune sorte ; elle laissera libre les chefs d'institution dans l'accomplissement des pratiques religieuses de leurs élèves. Cette loi statuera formellement sur la légalité et la moralité de certaines communautés religieuses; si elles sont contraires aux progrès de la civilisation et de la liberté, elles seront prohibées.

Pour être admis aux écoles de hautes études, il suffit d'être de bonne vie et mœurs, et d'être pourvu d'un certificat constatant l'aptitude.

### § XXI. — DISPOSITIONS GÉNÉRALES.

Art. 122. Aucune retenue n'est faite sur le traitement des fonctionnaires, magistrats, agens et employés des administrations publiques, ou de toute autre personne à la charge de la nation.

Art. 123. Nul fournisseur des administrations publiques, ou intéressé dans des compagnies d'exploitations de chemins de fer, canaux, etc., ne peut être nommé maire, adjoint, conseiller municipal, d'arrondissement ou de département.

Art. 124. Aucun fonctionnaire ne peut se livrer à l'escompte ni à aucune opération de banque ou toute autre entreprise industrielle ou commerciale. Il lui est également interdit de prendre part, soit directement, soit indirectement, à aucun acte d'emprunt, même du gouvernement, à peine de destitution immédiate et de nullité de son engagement.

Art. 125. Tous les citoyens connaissent le chiffre de leurs contributions directes dans la première quinzaine du mois de janvier de chaque année, y compris les centimes frappant ceux qui participent à l'établissement des prud'hommes.

Art. 126. La peine de mort n'est jamais prononcée en matière politique. La complicité morale n'existe pas.

En matière criminelle, le condamné à mort n'a pas la tête tranchée. L'échafaud et ses lugubres apprêts sont supprimés. L'exécution a lieu par un procédé chimique, mais elle n'est effectuée qu'un an au moins après l'arrêt de condamnation et à l'insu du condamné, en présence du procureur général, du président de la cour d'assises, du greffier, du médecin de la prison, du geôlier et de deux gendarmes. La présence est de rigueur, et un procès-verbal est dressé. Plus tard , la représentation examinera si la peine de mort doit être maintenue ou supprimée.

Art. 127. Des encouragemens et des récompenses nationales sont décernés aux talens, aux vertus et au mérite transcendant des citoyens qui les déploient dans un but d'humanité et d'utilité générale.

Art. 128. Le chef du pouvoir exécutif prête serment d'observer la présente Charte constitutionnelle délibérée pour et au nom de la nation. Ses successeurs prêteront, devant la représentation nationale, le même serment de l'observer et de la faire observer par tous ceux qui dépendent d'eux.

Ce serment est ainsi conçu :

« Je jure à la nation, devant ses représentans, d'obéir à la Charte con-
» stitutionnelle qui m'est présentée, de l'observer et maintenir, ainsi que
» de la faire observer et maintenir par tous ceux qui tiendront, de près ou
» de loin, au pouvoir exécutif. »

Art. 129. La présente Charte et tous les droits qu'elle consacre, *sont confiés au patriotisme et au courage des gardes nationales et de tous les citoyens français.*

Art. 130 Toutes les lois et ordonnances publiées depuis 1814, et qui sont contraires à la présente Charte, sont formellement abrogées.

### § XXII. — DISPOSITIONS TRANSITOIRES.

Art. 131. Une loi sera faite touchant les successions et la vente des biens de mineurs, afin de mettre les frais de poursuites en rapport avec l'importance des successions les plus minimes.

Art. 132. Tous les codes français seront révisés dans le cours de la première législature républicaine, pour mettre leurs dispositions en parfaite harmonie avec les mœurs représentatives et l'esprit de la Charte qui précède. Sont compris sous le titre de codes, toutes les lois relatives à l'enregistrement et aux droits de mutation, qui ne seront plus perçus deux fois dans le cours de la même année ; enfin, toutes les autres lois et tous les décrets et règlemens en vertu desquels sont régis encore les citoyens et les propriétés.

Voilà, citoyens, la mesure que je vous supplie de proposer au peuple français; elle est sage, et le moyen le plus sûr de concilier tous les intérêts, de satisfaire toutes les exigences, de combler toutes les lacunes et d'accomplir tous les vœux.

Si un jour j'étais appelé à développer les bienfaits qui résulteraient de ma proposition, je le ferais, je l'espère du moins, à la satisfaction de tous les citoyens.

Rien n'est plus propre à former, asseoir et affermir la base et tous les rouages d'un bon gouvernement que la convocation immédiate de la nation. Je la demande avec instance, et j'ai l'espoir que vous aurez hâte d'en proclamer.l'urgente utilité, en déterminant l'époque prochaine de ses manifestations. Avec les institutions que nous lui voulons tous, la France deviendra puissante, considérée, florissante, et reprendra la haute position qu'elle n'aurait jamais dû perdre.

Veuillez, citoyens, agréer l'expression de mon respect.

PIONNIER,

Homme de lettres, auteur de divers ouvrages, brochures, etc., et secrétaire-rédacteur des travaux de l'ex-commission des patentés de Paris, chargée de protester contre les détestables lois de l'impôt— ; alors à Paris, maintenant à Chaumes (Seine-et-Marne).

Paris, le 29 février 1848.

Paris.—Imprimerie de E. Brière, rue Ste-Anne, 55.

www.ingramcontent.com/pod-product-compliance
Lightning Source LLC
LaVergne TN
LVHW020645180726
843502LV00006B/2251